연필로 이 그림을 따라 그려 보세요.

뱀피부 아 그림을 따라 그려 보세요.

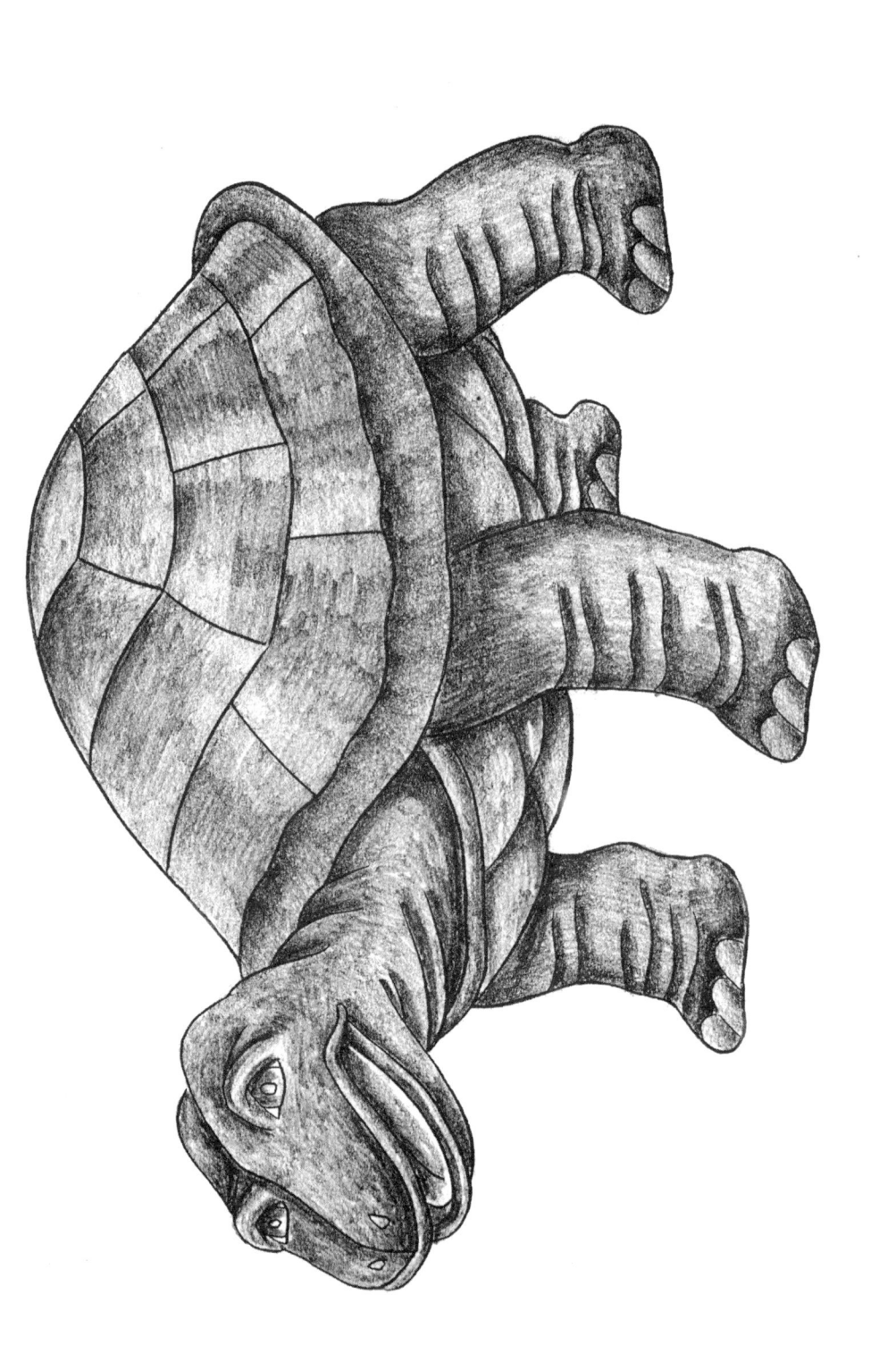

거북이

연필로 따라 그려 보세요.

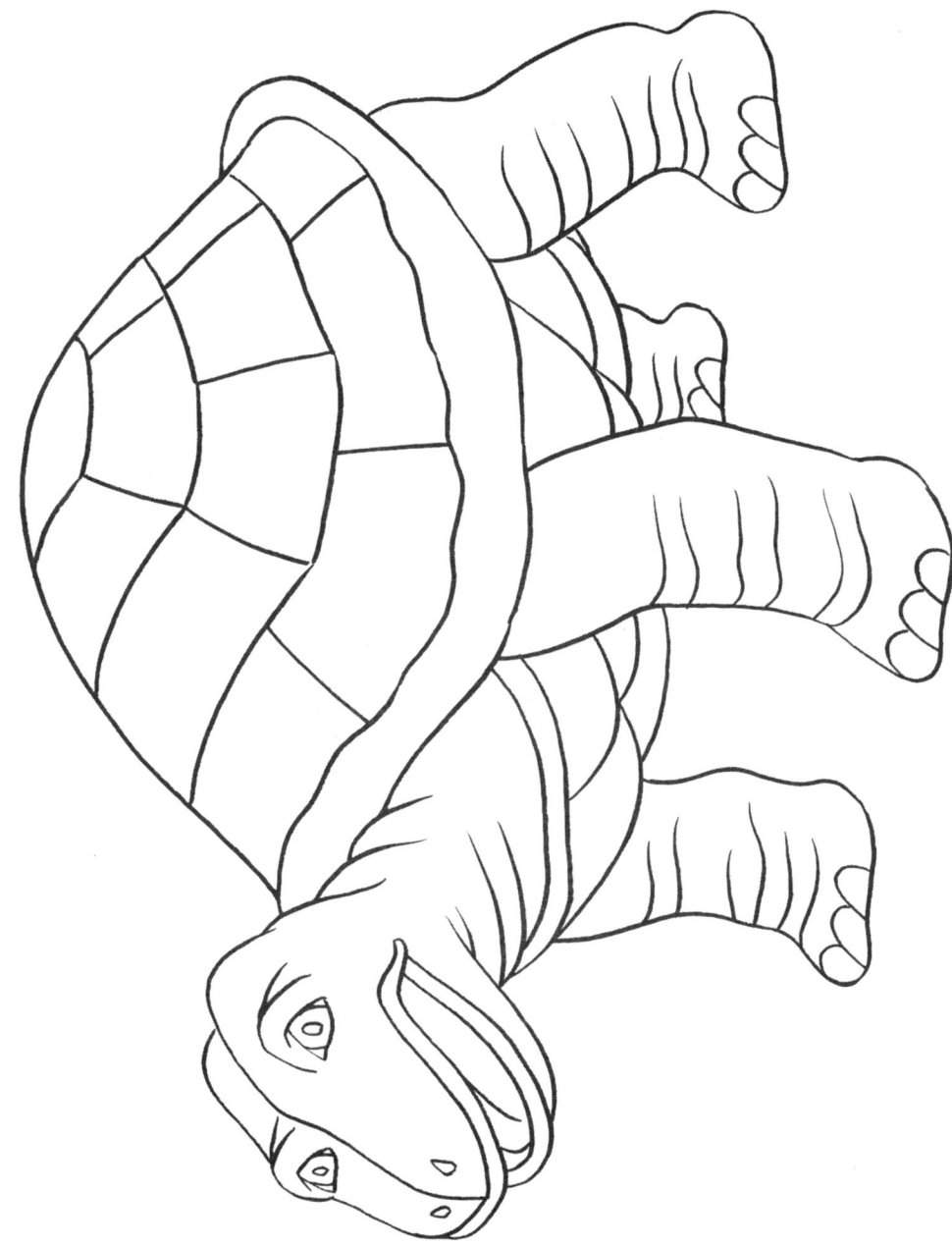

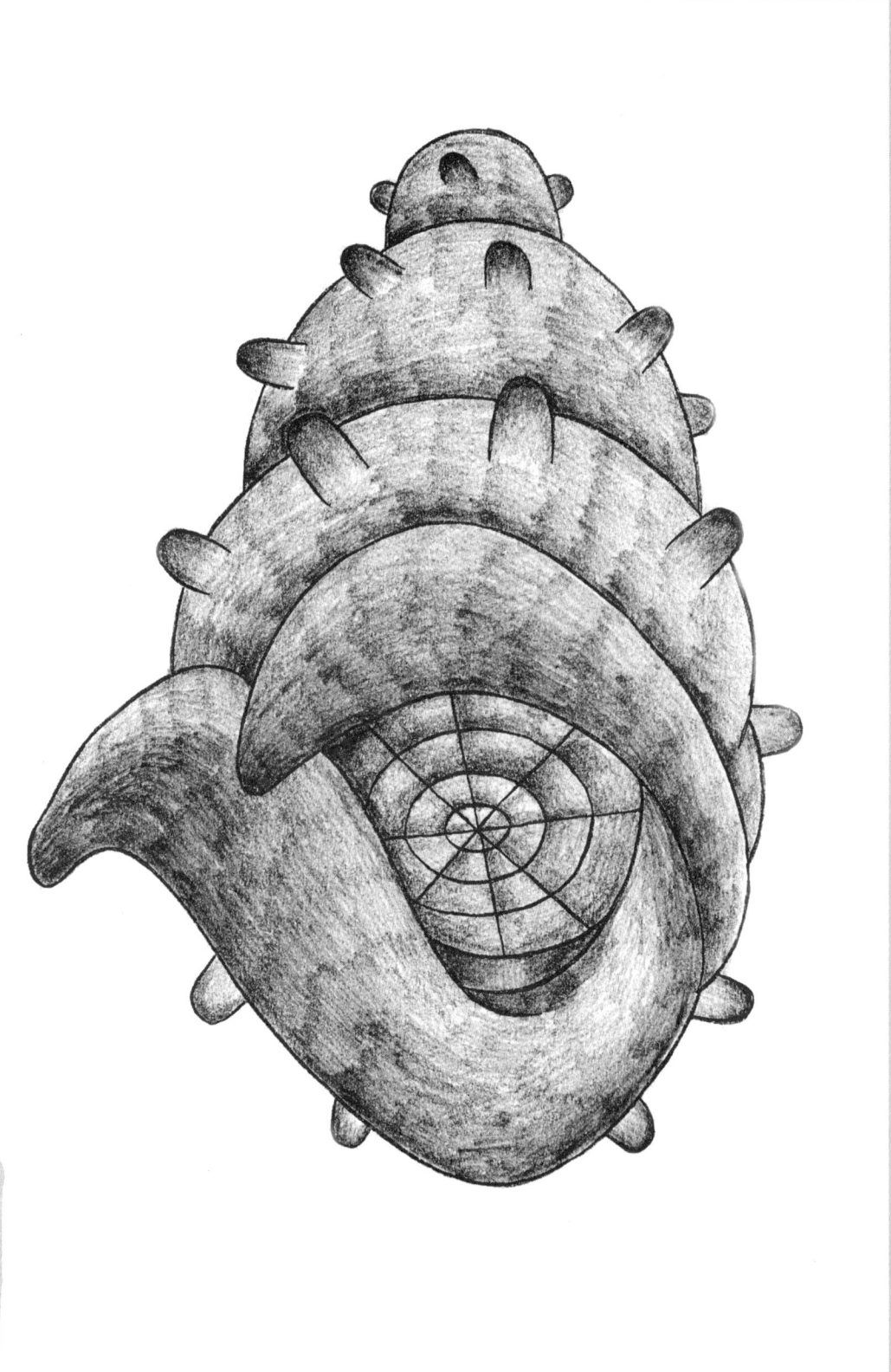

소

엄마를 따라 흉내를 내며 그림을 따라 그려 보세요.

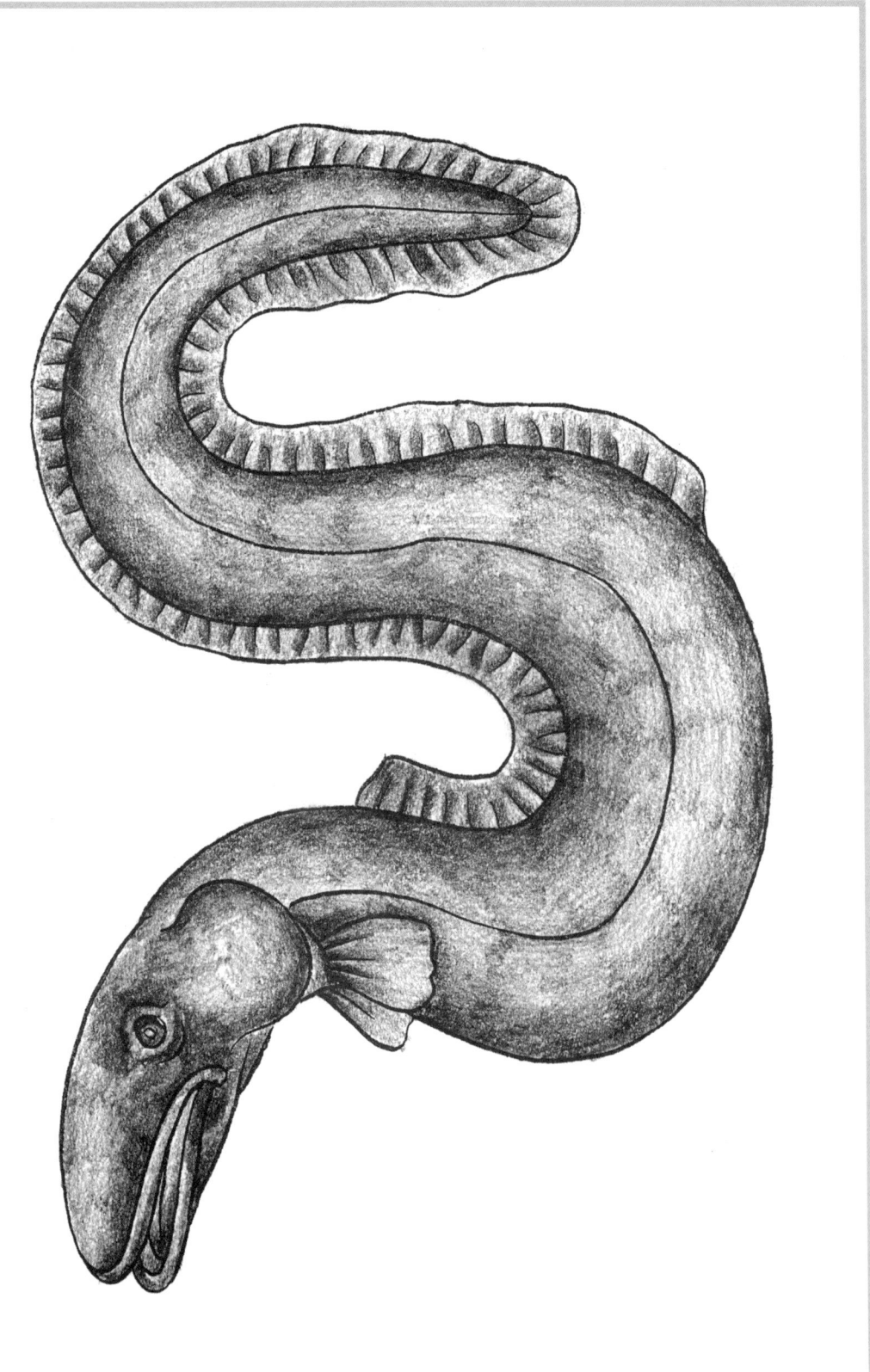

장어

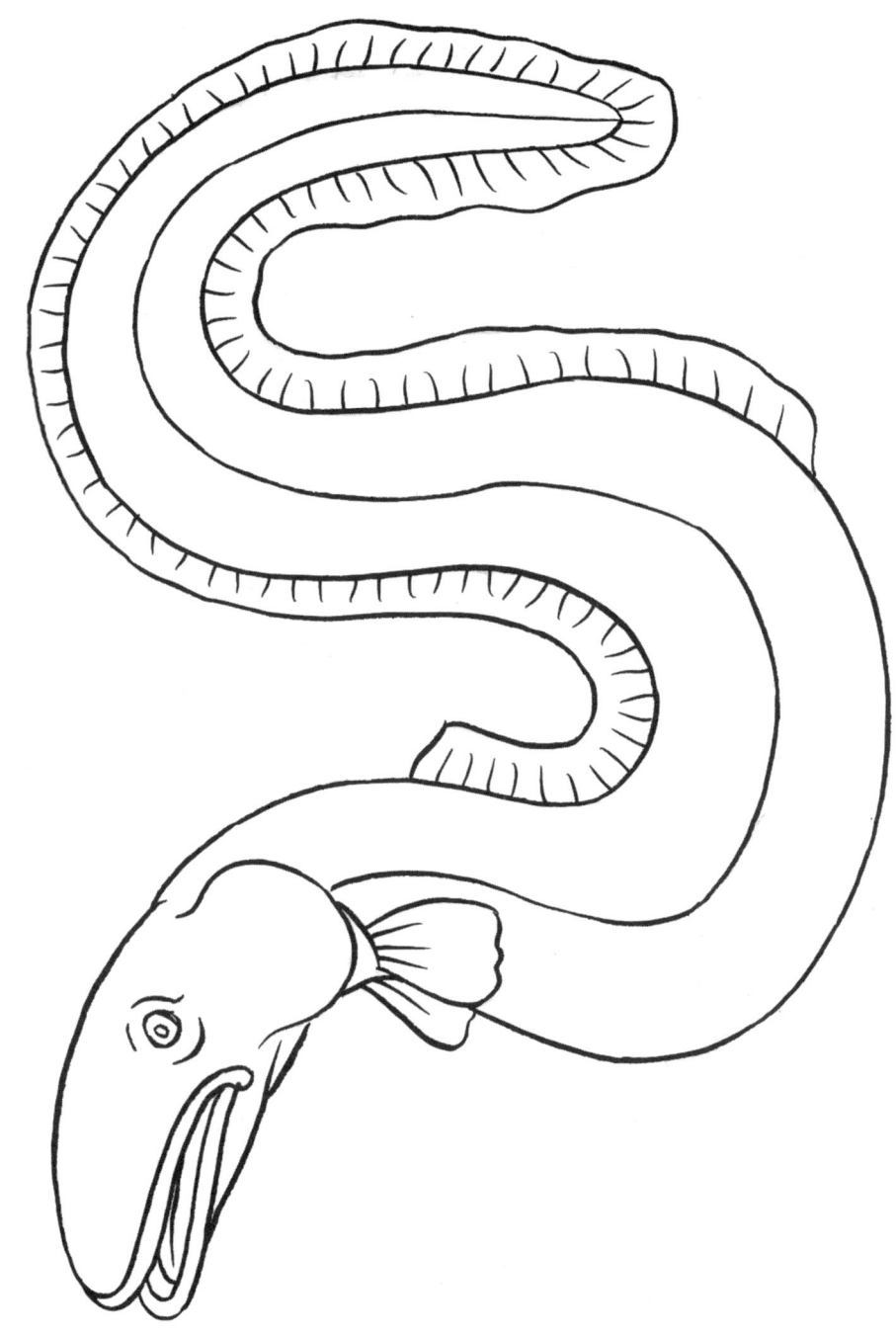

엄마물고기를 따라 그림을 그려 보세요.

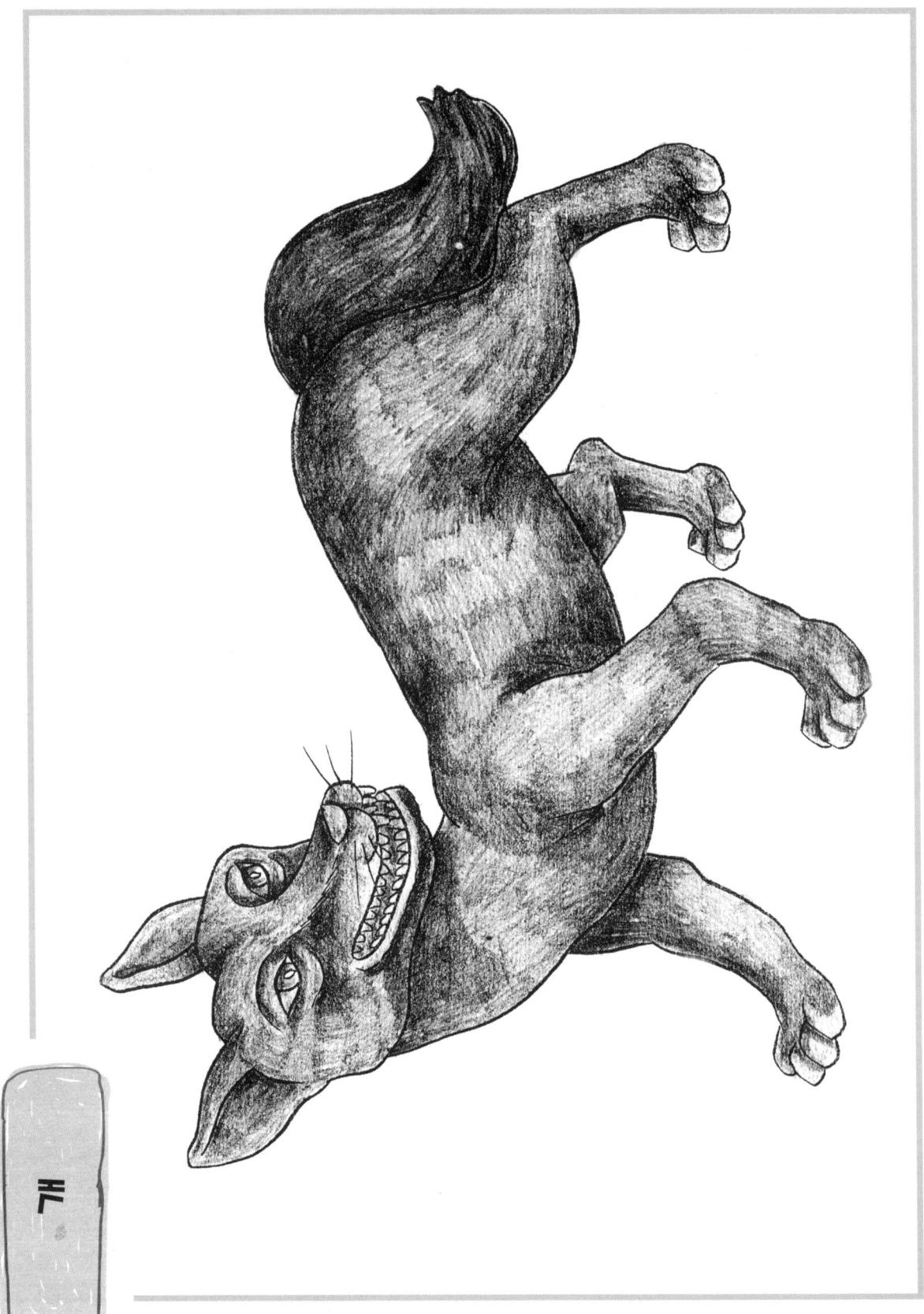

늑대를 따라 그림을 그려 보세요.

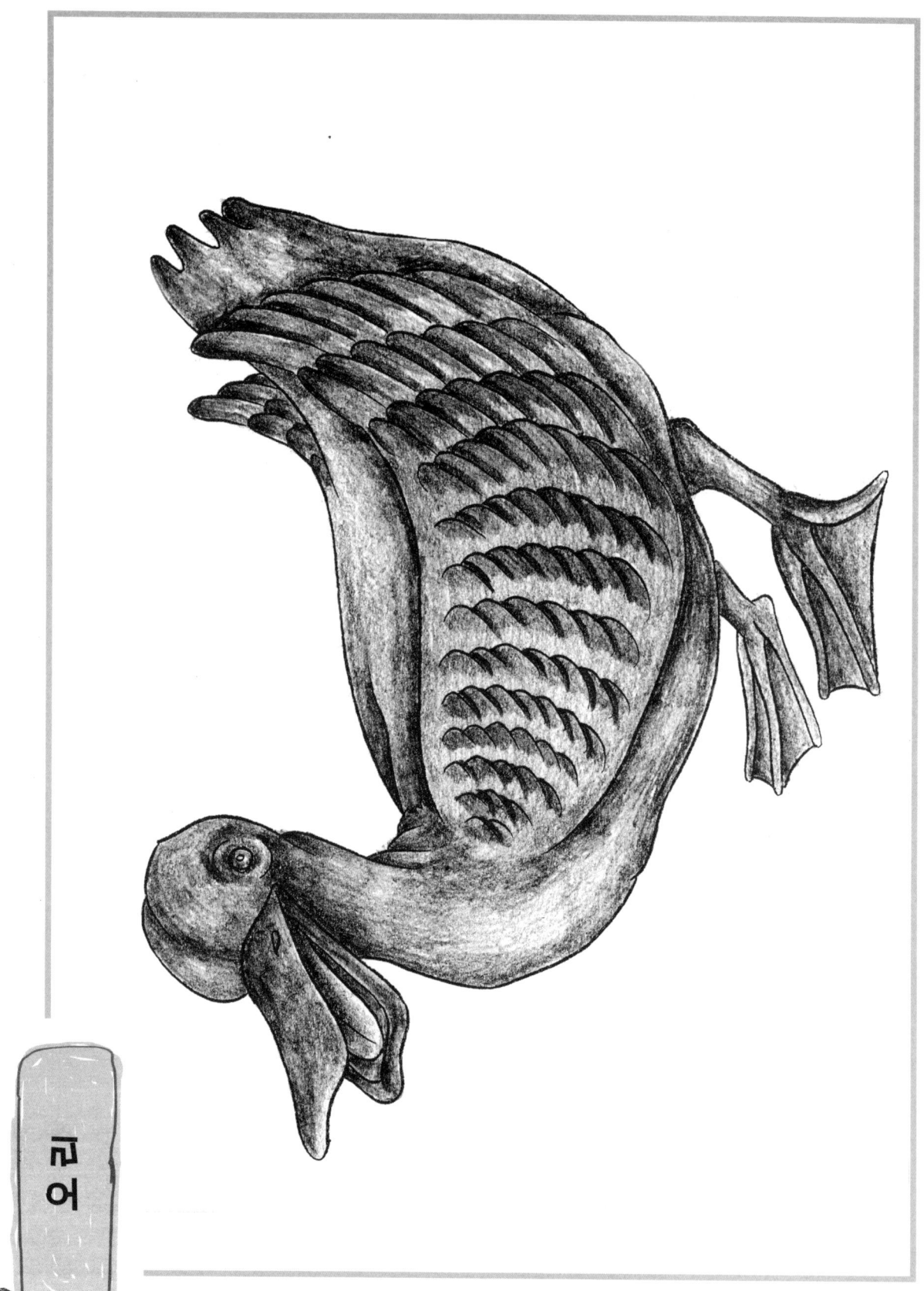

넙치

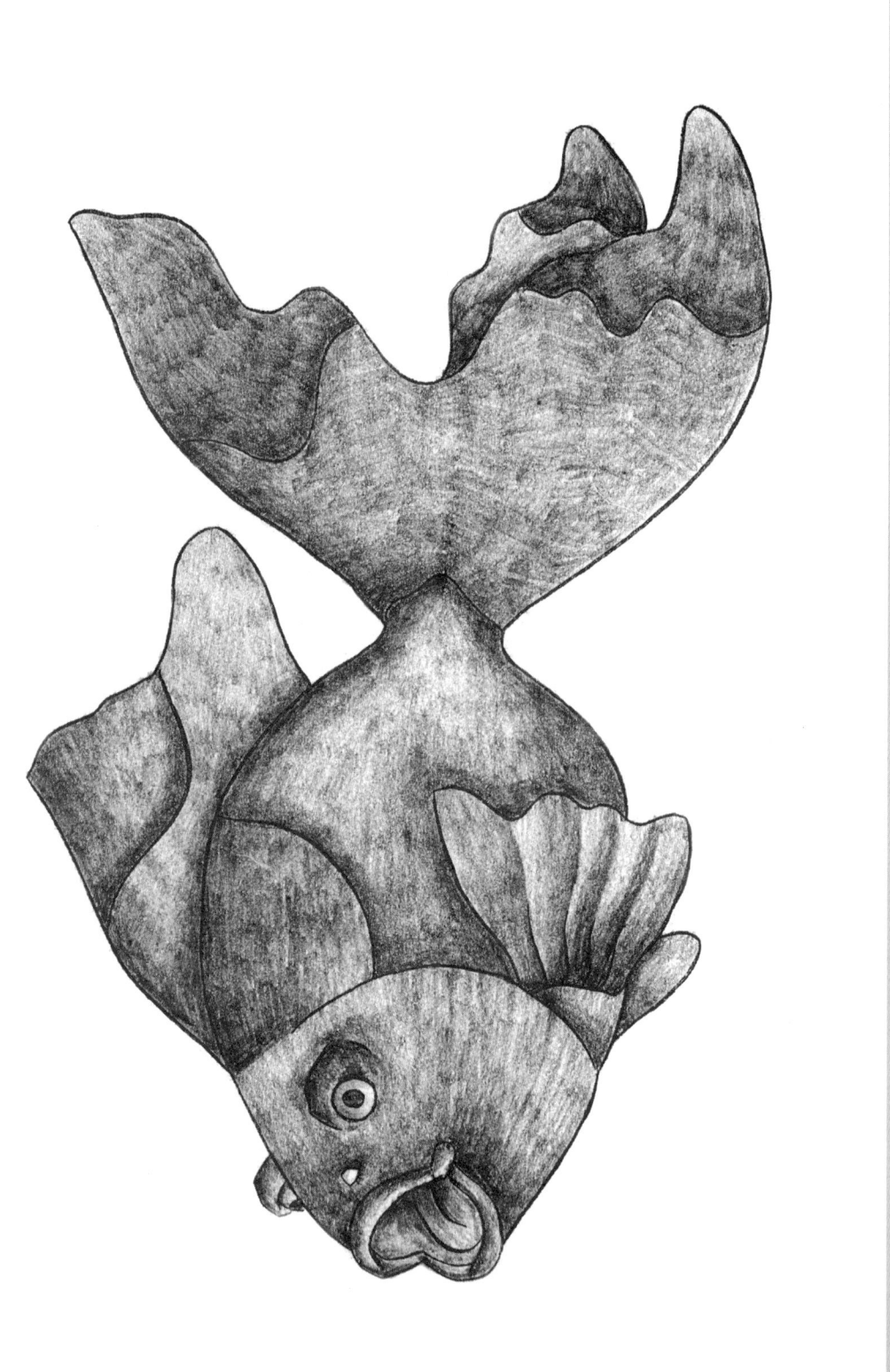

금붕어

연필로 그림을 따라 그려 보세요.

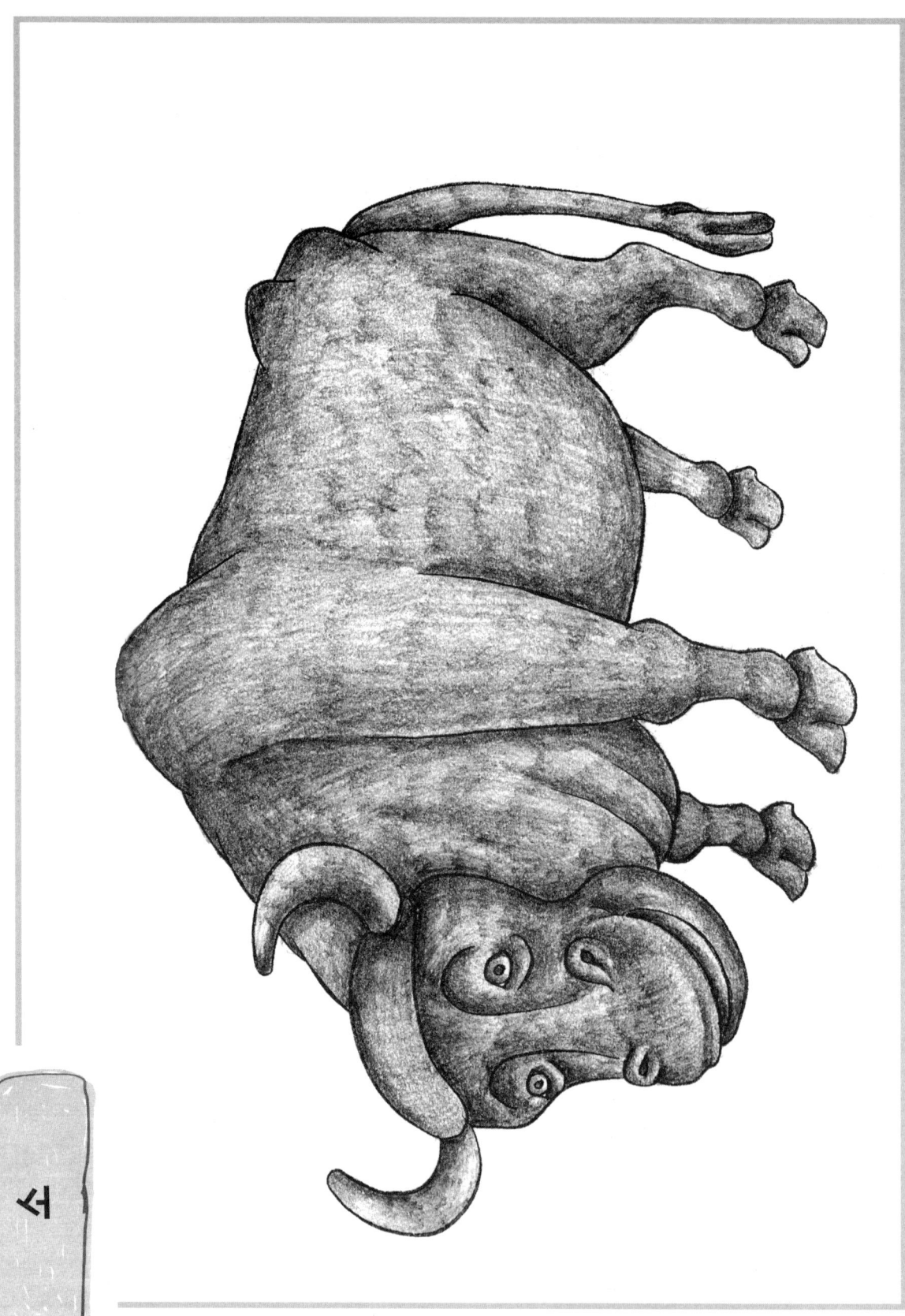

소

색연필로 이 그림을 따라 그려 보세요.

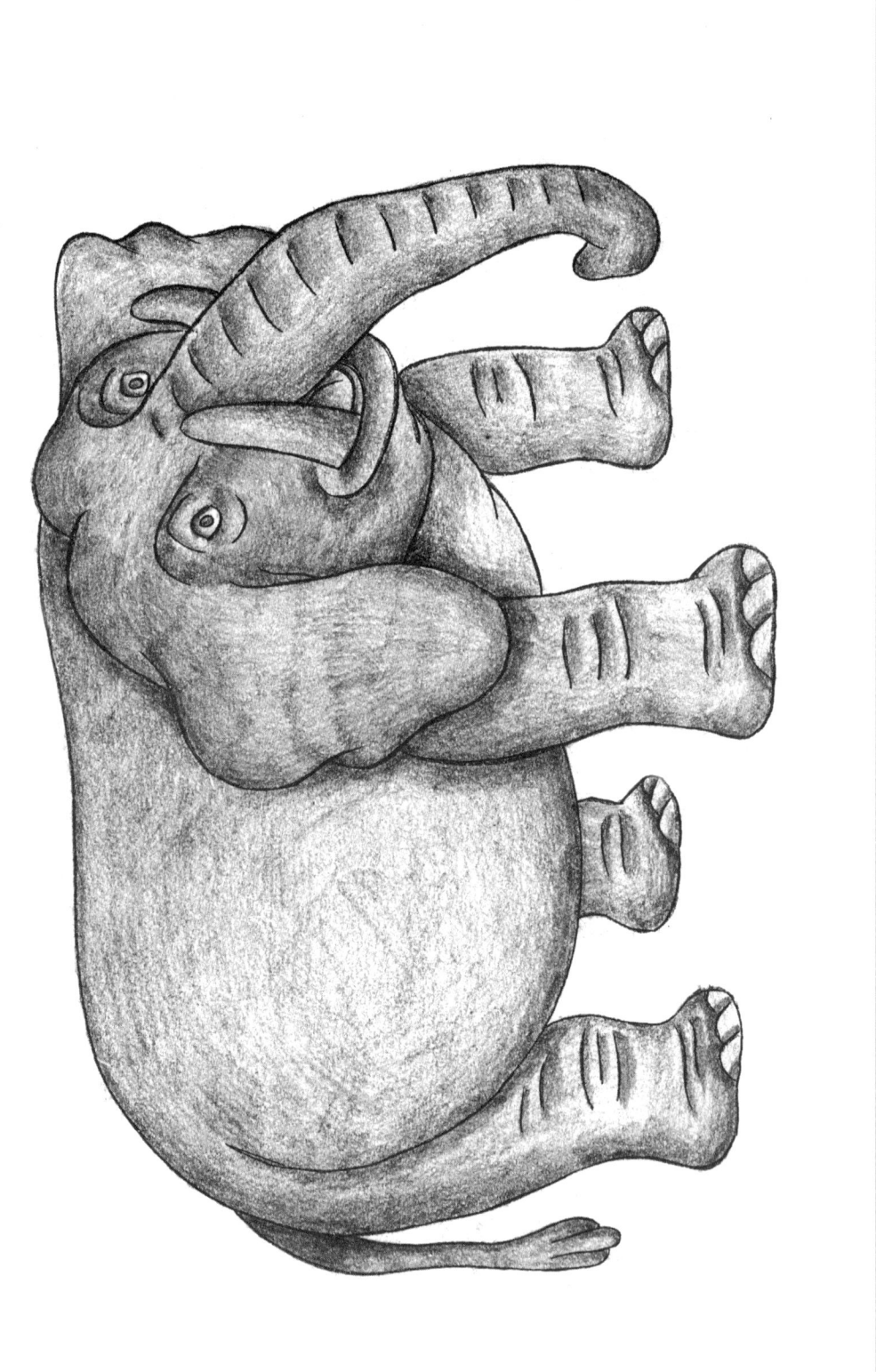

코끼리

연필로 그림을 따라 그려 보세요.

멧돼지

연필로 이 그림을 따라 그려 보세요.

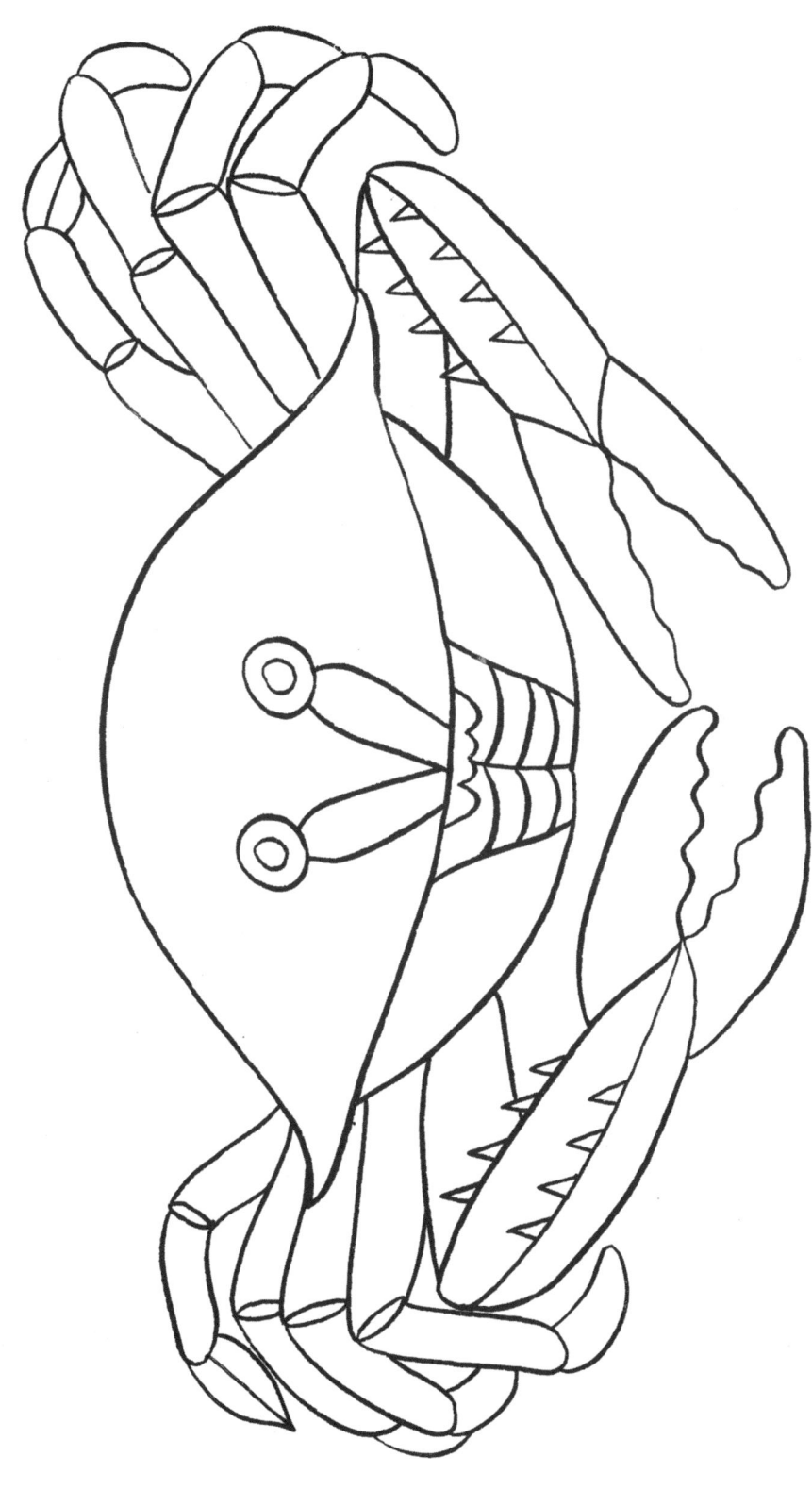

샘플로 그림을 따라 그려 보세요.

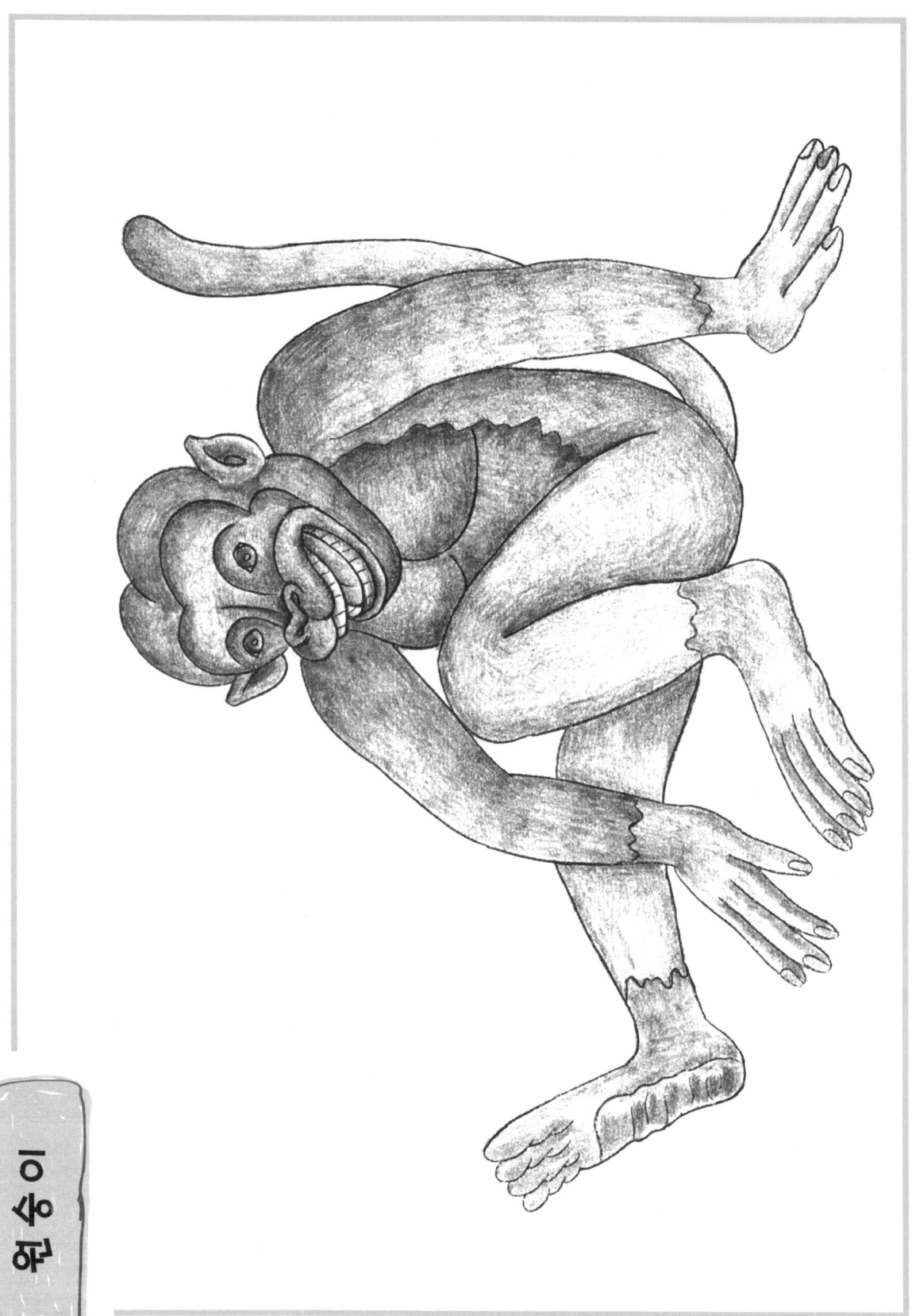

원숭이

원숭이 흉내를 내며 그림을 보세요.

고양이

연필로 그림을 따라 그려 보세요.

호랑이

색연필로 이 그림을 따라 그려 보세요.

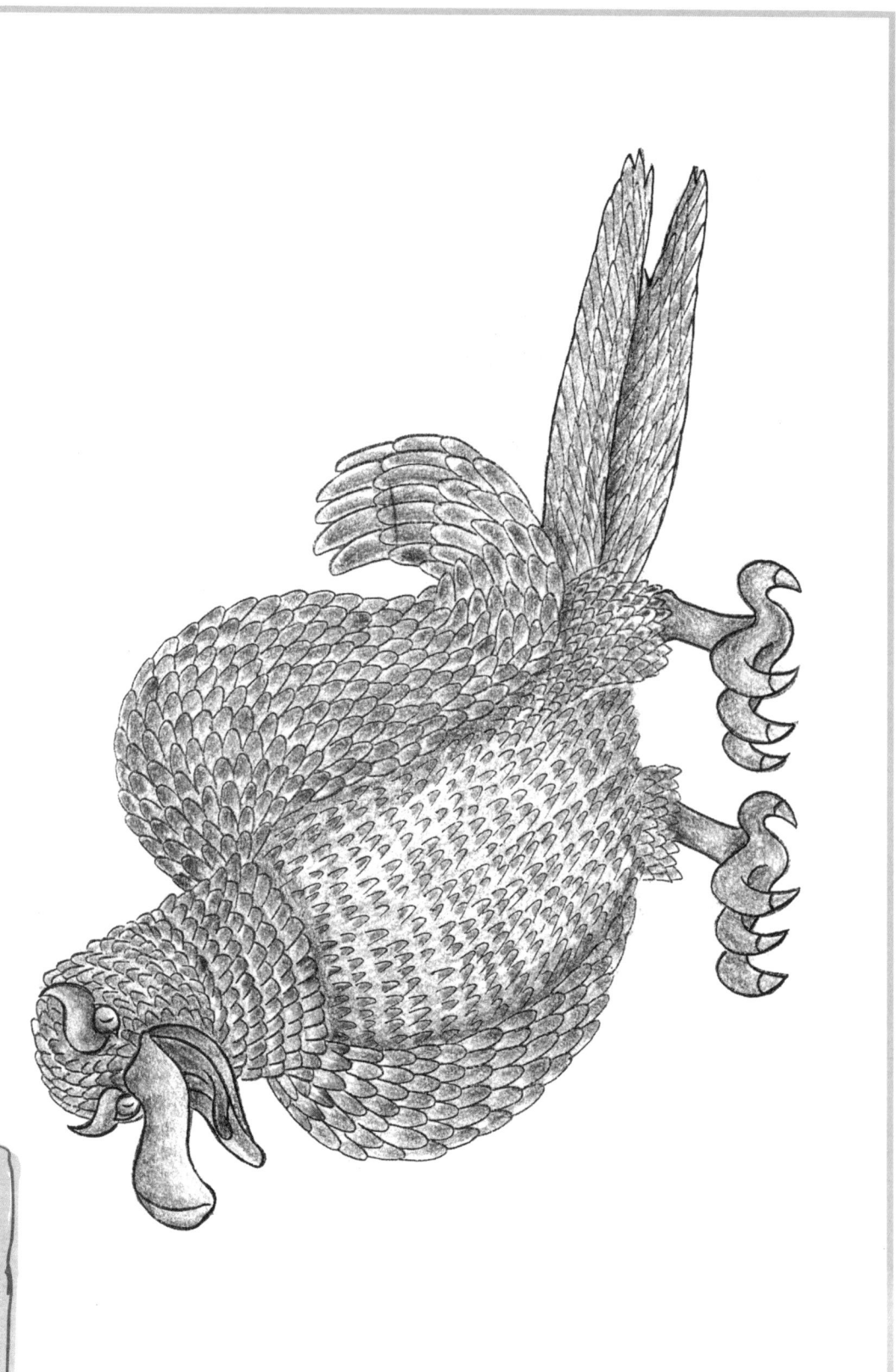

독수리

생김새를 살펴보며 그려 보세요.

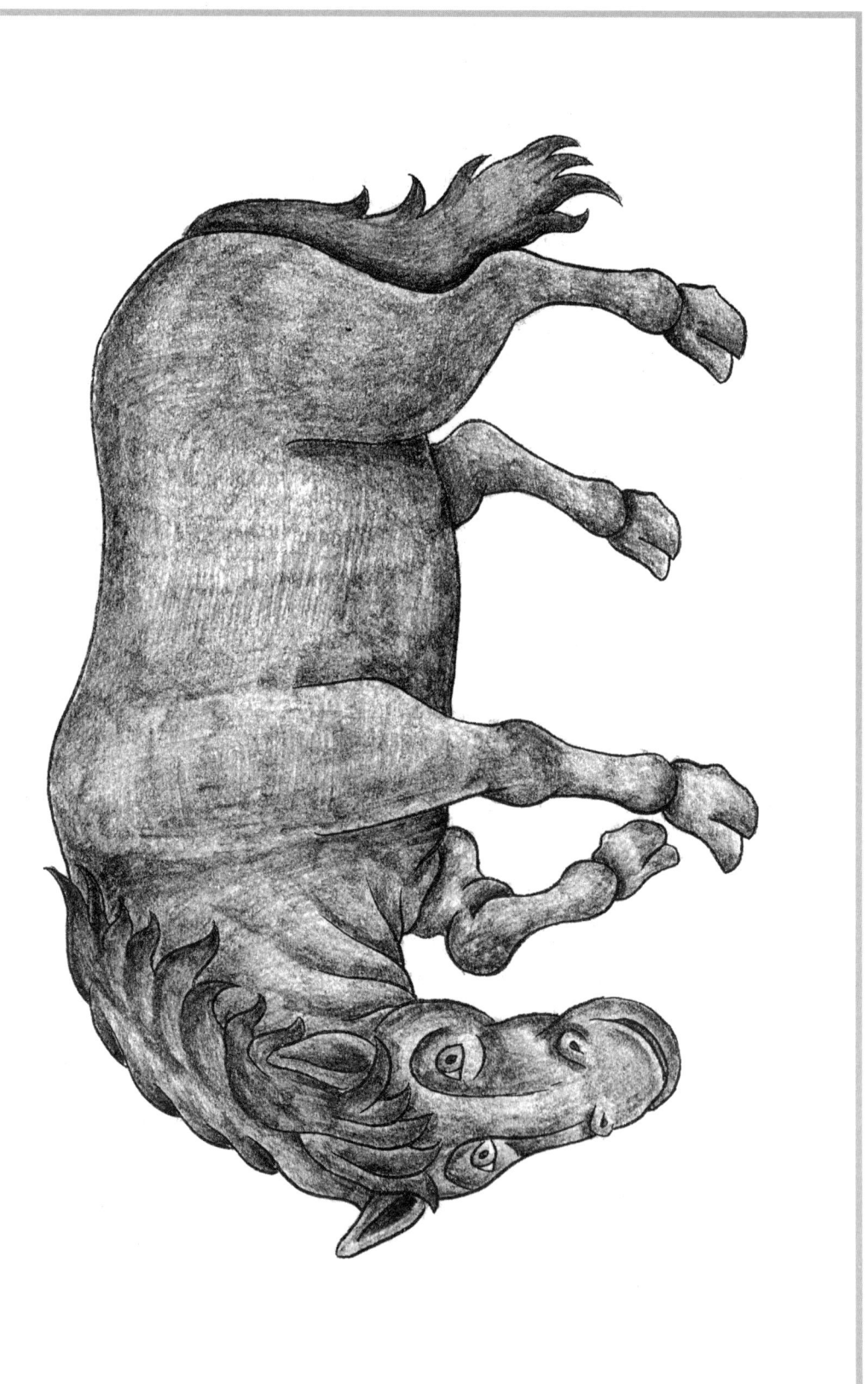

연필로 이 그림을 따라 그려 보세요.

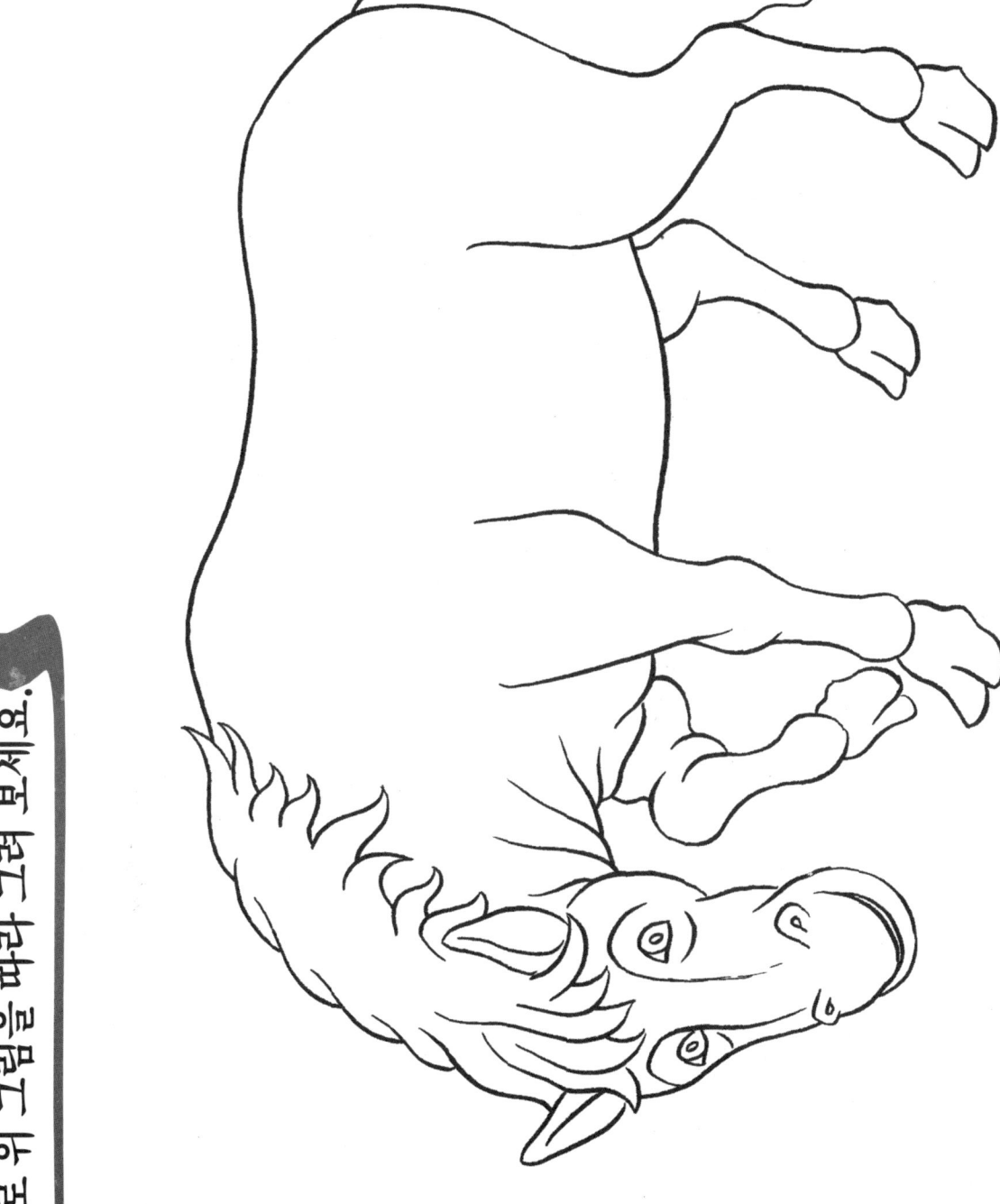

토끼

연필로 밑그림을 따라 그려 보세요.

사자

얼굴로 어떤 동물인지 말해 보세요.

악어

연필로 이 그림을 따라 그려 보세요.

너구리

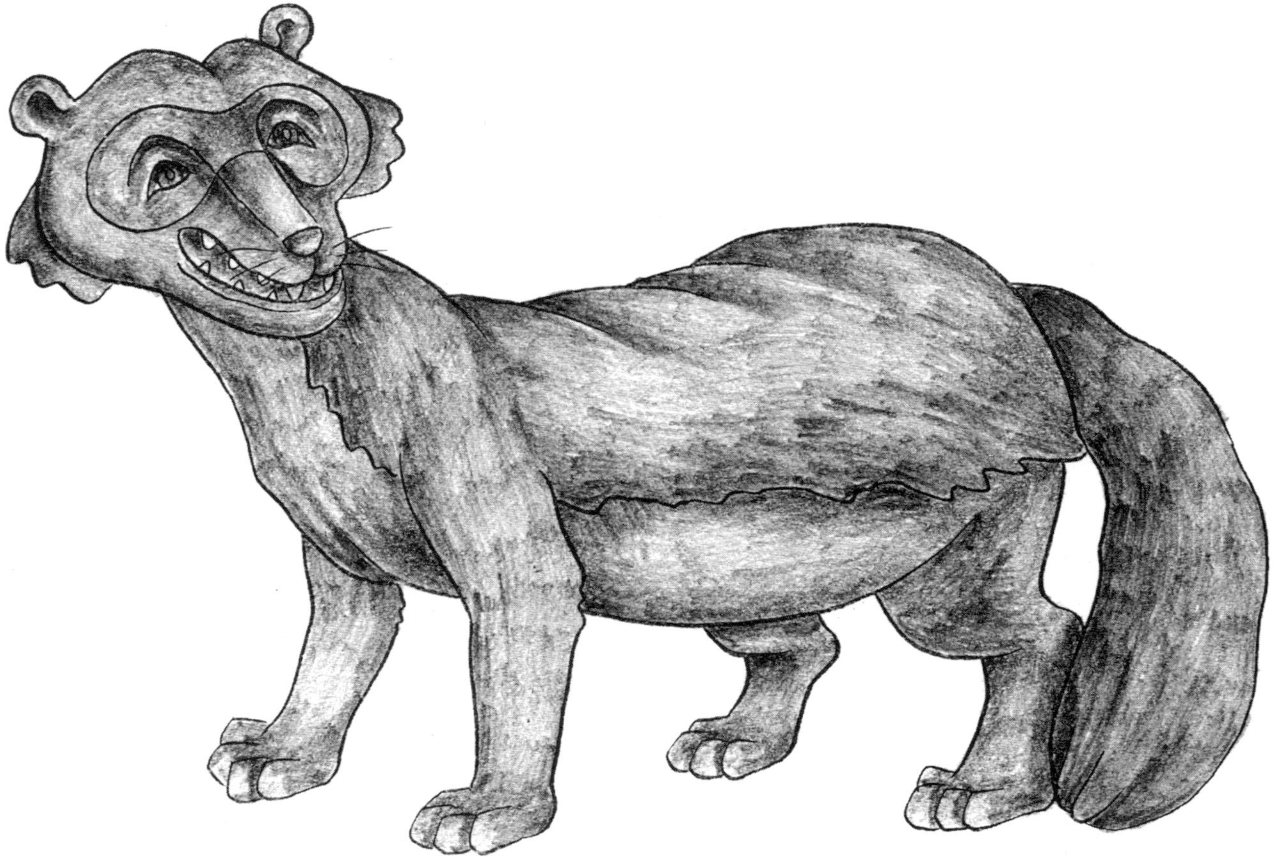

색칠을 야무지게 그려 보세요.

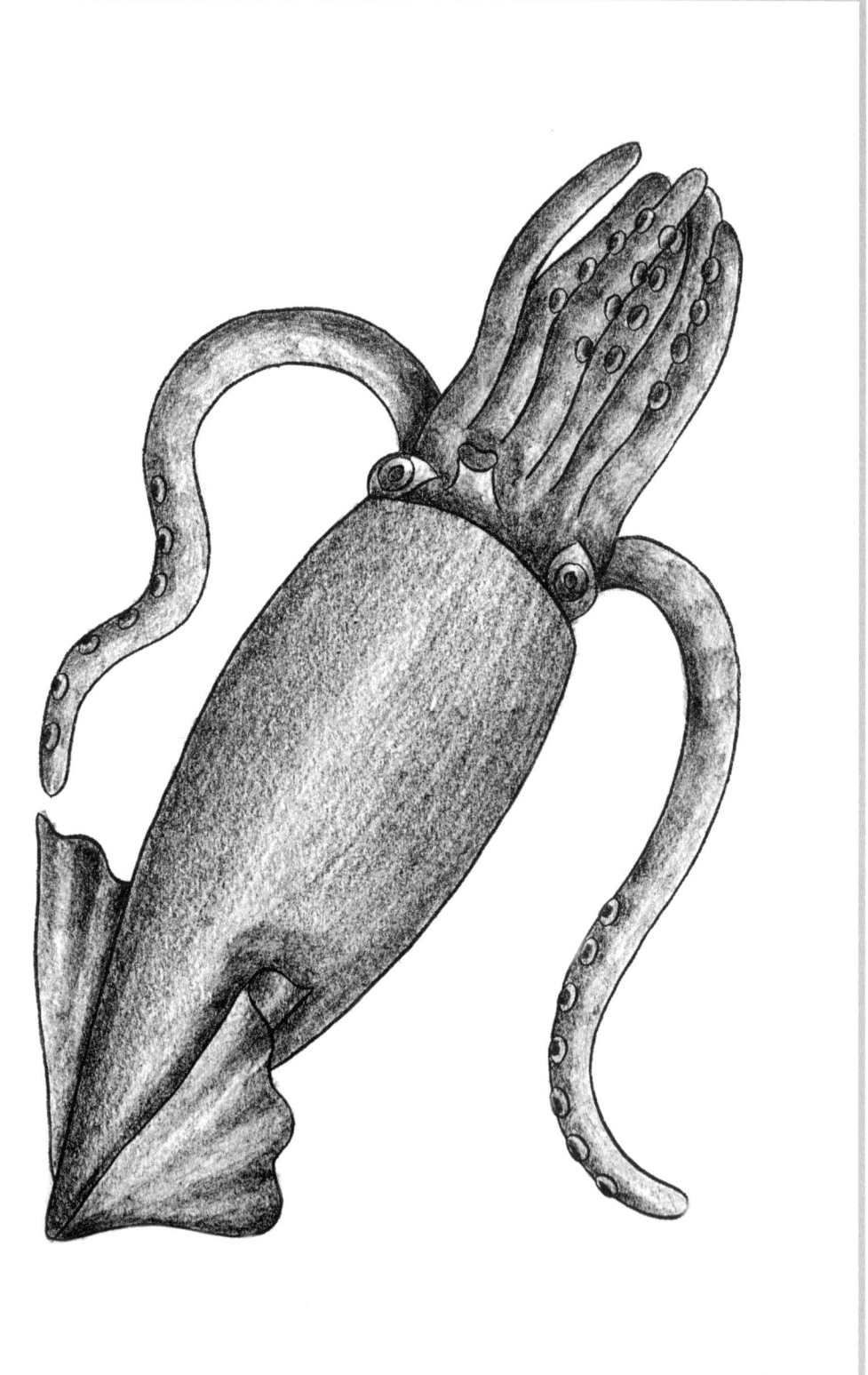

오징어

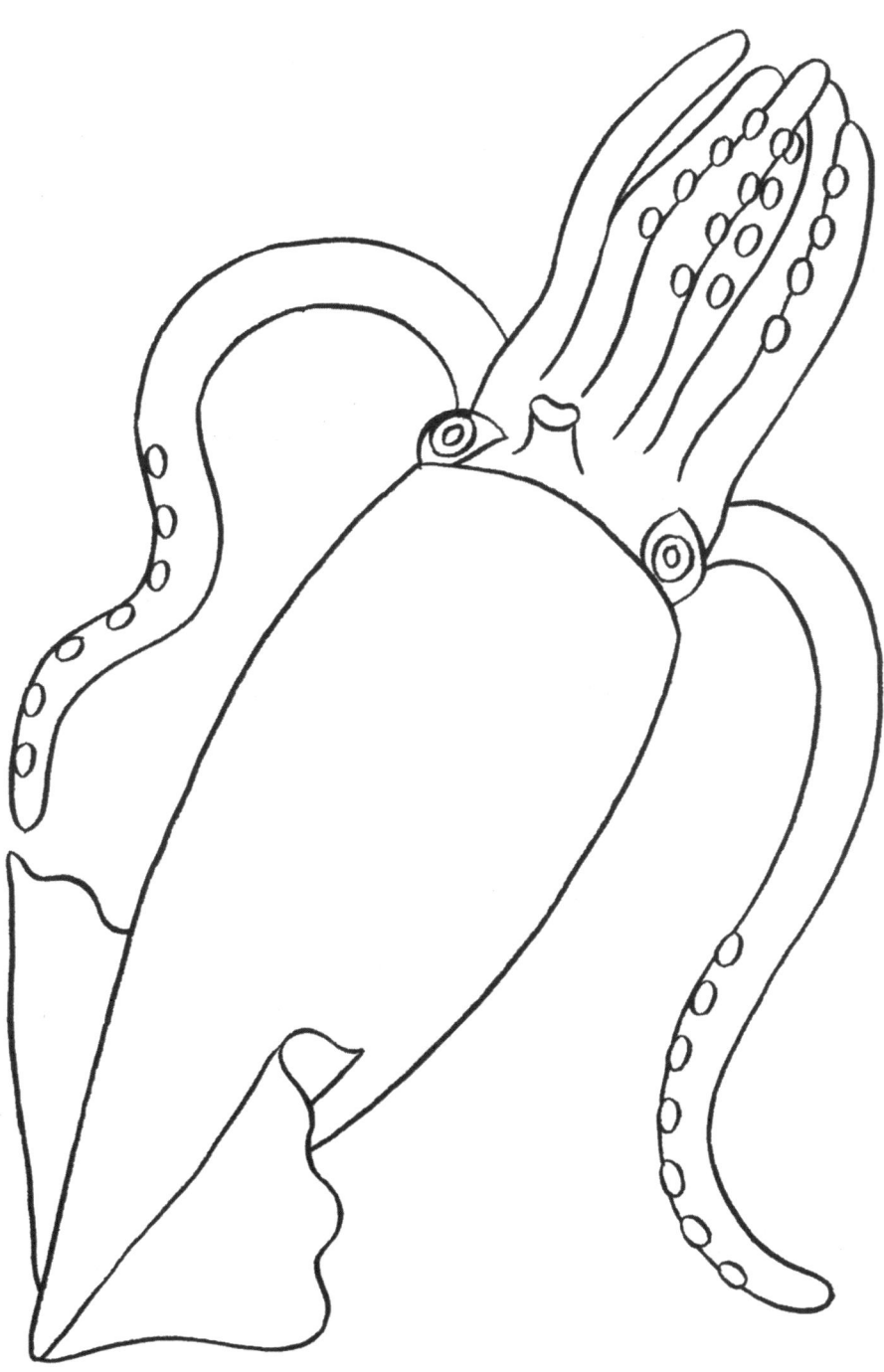

연필로 위 그림을 따라 그려 보세요